PAIDEIA
ÉDUCATION

MIXTE
Papier issu de sources responsables
Paper from responsible sources
FSC® C105338

CHARLES DICKENS

Les Grandes espérances

Analyse littéraire

© Paideia éducation.

22 rue Gabrielle Josserand - 93500 Pantin.

ISBN 978-2-7593-0365-6

Dépôt légal : Juin 2023

Impression Books on Demand GmbH

In de Tarpen 42

22848 Norderstedt, Allemagne

SOMMAIRE

- Biographie de Charles Dickens.................................. 9

- Présentation des *Grandes espérances*...................... 13

- Résumé du roman.. 17

- Les raisons du succès.. 37

- Les thèmes principaux... 41

- Étude du mouvement littéraire................................... 47

- Dans la même collection.. 51

BIOGRAPHIE DE CHARLES DICKENS

Charles Dickens est un romancier anglais né à Lamport, quartier de Portsmouth, en 1812. Fils d'un modeste employé de la trésorerie de la Marine et second de huit enfants, Dickens connaît une enfance très difficile. Faute d'argent, il doit quitter l'école et occuper, à douze ans, une place de commis à coller les étiquettes dans une fabrique de cirage, pendant que son père est incarcéré à la prison pour dettes. La misère et le souvenir humiliant de cette période l'obsèdent durant toute sa vie. Ils lui fournissent un thème inépuisable pour son œuvre future, de même que son contact permanent avec les milieux les plus pauvres de Londres alimente ses descriptions les plus poignantes.

En 1827, Dickens devient clerc de notaire. Il apprend la sténographie et devient, en 1831, reporter-sténographe au Parlement. À la même époque, il tombe amoureux de Maria Beadnell, fille d'un directeur de banque qui rejette ce prétendant trop peu fortuné. Très affecté, Dickens tente d'améliorer sa situation. Il devient journaliste, puis chroniqueur, et publie son premier livre en 1835, les *Esquisses de Boz*. En 1836, il épouse Catherine Hogarth, mais ce mariage ne le rend pas heureux. Il écrit à Collins en 1857 : « Cette mésentente domestique pèse si lourdement sur moi que je ne puis écrire. »

Le succès de ses *Esquisses* entraîne la commande d'un livre : *Les Aventures de M. Pickwick*, paru en 1837. Dès lors, les œuvres se succèdent et reflètent les traumatismes de son enfance. Dans *Oliver Twist* (1837-1838), il s'élève contre le « work-house » qui tient les pauvres en esclavage depuis la loi de 1834. Dans *Nicolas Nickleby* (1838-1839), il critique l'industrie des marchands de soupe des écoles du Yorkshire. Dans *Le Magasin d'antiquités* (1840-1841), il dénonce la perversité sociale du système capitaliste de l'époque. Ces œuvres sont accueillies très favorablement et font de Dickens l'un des romanciers les plus populaires que le monde ait connu.

En janvier 1840, il embarque pour les États-Unis, mais ce voyage est une grande déception. Le romancier espérait une démocratie, il n'y trouve qu'une société esclavagiste, cupide et terriblement conformiste. À son retour, il publie ses impressions dans *Notes américaines* (1842) et dans *Martin Chuzzlewit* (1843-1844). La dépression le guète mais ne ralentit pas pour autant sa production littéraire. Il publie les *Contes de Noël* en 1843, *Le Carillon* et *Le Grillon du foyer* en 1845, en même temps qu'il accomplit un voyage en Italie et visite Paris. En 1846, il fonde un quotidien, le *Daily News*, puis rédige *Dombay et fils* qui paraît en 1848.

Dickens reste obsédé par son enfance. Mais les souvenirs, vivaces et douloureux, l'empêchent d'écrire son autobiographie. Il préfère déguiser la réalité bouleversante de son enfance dans *David Copperfield* (1848-1849). Le thème de l'enfance malheureuse est loin d'être épuisé : viennent *Bleak House* (1852), *Les Temps difficiles* (1854), *La Petite Dorrit* (1857-1858). En 1858, Dickens quitte sa femme pour la jeune actrice Ellen Ternan. Ce nouvel amour, peu partagé, le fait énormément souffrir et lui inspire deux ouvrages : *Les Grandes Espérances* (1861) et *Notre ami commun* (1864-1865), romans de la désillusion. Il laisse inachevé *Le Mystère d'Edwin Drood* lorsqu'il meurt d'épuisement en 1870, à Gadshill. Si la structure de ses romans est assez déroutante (elle procède par élargissement successifs, tant sur le plan des intrigues qu'au niveau des personnages, de plus en plus nombreux), l'auteur a su toucher, faire rire et pleurer toute une génération en créant un monde si foisonnant de vie.

PRÉSENTATION DU ROMAN

Les Grandes Espérances est un roman de Charles Dickens, d'abord publié en feuilleton dans le journal *All the Year Round* en 1860-1861, puis en volume en 1861. Dans ce récit raconté à la première personne, l'auteur met au premier plan le thème de l'éducation, avec pour héros un enfant du peuple élevé au rang de gentleman grâce à un mystérieux bienfaiteur. Cet enfant va faire l'expérience des grandes espérances.

Philip Pirrip, surnommé Pip, est élevé par sa sœur et son beau-frère forgeron. Il fréquente dès son plus jeune âge la maison de la riche Mlle Havisham, qui a pour dessein de se venger des hommes depuis qu'elle s'est fait abandonner par son fiancé le jour de ses noces. Dans ce lieu sinistre, Pip s'éprend de la jolie Estella, adoptée et élevée par la dame en vue de torturer le sexe masculin. Un jour, un homme de loi lui annonce qu'il est l'héritier d'une grande fortune et qu'il doit se rendre à Londres pour faire son éducation. Ce n'est que des années plus tard que son mystérieux bienfaiteur sort de l'anonymat : il s'agit du forçat évadé de son enfance, qu'il avait accepté de nourrir et aidé à se libérer de ses chaînes. Dès lors, toutes les grandes espérances de Pip s'évanouissent. Le jeune homme retourne chez le forgeron, honteux d'avoir méprisé ses proches et le milieu d'où il vient.

Dans ce roman, où l'on assiste à la formation d'un enfant du peuple en gentleman, Dickens développe de façon approfondie une personnalité unique, autour de laquelle gravitent des personnages remarquablement vivants. Sans être pour autant considéré comme son chef-d'œuvre, *Les Grandes Espérances* atteignent un plus haut degré de perfection que ses autres romans. Le succès est immédiat et définitif.

RÉSUMÉ DU ROMAN

Chapitre I

Le narrateur Philip Pirrip, que l'on désigne sous le nom de Pip, est un orphelin élevé par sa sœur Mme Gargery, épouse du forgeron Joe Gargery. Pip raconte un épisode marquant de son enfance dans les marais, alors qu'il se trouve au cimetière près de la tombe de ses parents : âgé de sept ou huit ans, il voit surgir un homme effrayant, avec un fer attaché à la jambe. Sous la menace, Pip accepte d'apporter à l'homme une lime et un casse-croûte le lendemain matin.

Chapitre II

Le narrateur décrit sa sœur comme une personne dure et peu avenante, répétant sans cesse avoir élevé son jeune frère « à la cuillère ». Joe Gargery est quant à lui présenté comme un homme doux, attachant, avec une grande force physique mais dépourvu d'intelligence. Ce soir-là (la veille de Noël), deux coups de canon indiquent l'évasion de deux forçats. Pip, obsédé par l'homme avec son fer à la jambe et terrorisé par le poids de la menace, passe une nuit agitée et se lève de bonne heure pour ne pas faillir à sa redoutable promesse : il dérobe de la nourriture dans le garde-manger, dont un magnifique pâté de porc en croute, et prend une lime dans les outils de Joe.

Chapitre III

Pip se dirige vers les marais embrumés et croit reconnaître son homme, profondément endormi, mais il s'agit de quelqu'un d'autre, portant le même fer à la jambe et s'enfuyant à la vue de l'enfant. Une fois à la Batterie, lieu de rendez-vous, Pip donne comme convenu à son homme la lime et le casse-croûte. En apprenant qu'un deuxième coup de canon a été tiré et qu'un autre forçat se trouve dans les parages, l'homme se met à limer son fer comme un fou et part immédiatement à sa recherche.

Chapitre IV

Pip rentre chez lui alors que sa sœur prépare les festivités de Noël. À l'heure dite, les invités arrivent et n'épargnent pas l'enfant de leurs réflexions habituelles et désobligeantes. Pip, rongé par le remord et la culpabilité, est surtout terrifié à l'idée que sa sœur puisse découvrir son terrible secret et panique chaque fois qu'elle s'approche du garde-manger. La panique est à son comble lorsque le fameux pâté de porc, dérobé le matin même, est annoncé. L'enfant prend ses jambes à son coup, mais avant même d'avoir franchi la porte d'entrée, il tombe nez à nez avec un bataillon de soldats.

Chapitre V

Les soldats demandent au forgeron de réparer une paire de menottes ; ils s'apprêtent à traquer les deux forçats évadés. Tous les convives, y compris Pip, décident de faire partie de l'expédition. Les hommes sont retrouvés ensanglantés et essoufflés, l'un deux tentant de retenir l'autre pour le livrer aux soldats, au prix de sa propre liberté. Les forçats montent ensuite à bord du bateau-prison et disparaissent.

Chapitre VI

Le forçat a avoué avoir volé de la nourriture dans le garde-manger du forgeron pour innocenter l'enfant. Pip a l'esprit bien tourmenté, mais n'ose pas révéler son secret au risque de perdre la confiance de Joe. Les convives tentent d'imaginer comment le forçat est entré par effraction.

Chapitre VII

Environ un an après l'histoire des forçats, Pip commence à maîtriser les chiffres et l'alphabet, et fait la rencontre de Biddy, la petite-fille de la grand-tante de M. Wopsle, orpheline elle aussi. Un soir, Pip écrit une lettre à Joe et s'aperçoit que celui-ci ne sait pas lire. Joe raconte alors son enfance au cours de laquelle il a été privé d'instruction. Ce même jour, Mme Joe et l'oncle Pumblechook sont tout excités car la riche Mlle Havisham souhaite que Pip vienne jouer chez elle, un immense honneur selon eux. L'enfant est lavé, habillé et conduit chez la dame.

Chapitre VIII

Pip rencontre la sinistre Mlle Havisham au cœur brisé, ainsi que la jolie et exécrable Estella, d'environ son âge. Havisham n'a pas vu la lumière du soleil depuis des années, et toutes les pendules de la maison sont arrêtées à neuf heures moins vingt. Pip doit jouer aux cartes avec Estella qui lui montre ouvertement son mépris. Il est prié de revenir au bout de six jours, et rentre chez lui convaincu de son ignorance et de sa médiocrité.

Chapitre IX

De retour chez lui, Pip ment à sa sœur, Joe et M. Pumblechook sur sa visite à Mlle Havisham. Il rend la journée extraordinaire et ses interlocuteurs boivent ses paroles. Mais pris de remords, il avoue finalement la vérité à Joe qui lui conseille de ne pas vouloir devenir extraordinaire à tout prix si c'est pour dévier du droit chemin. Malgré les recommandations de Joe, Pip a l'esprit tourmenté et songe à son existence pauvre et ordinaire.

Chapitre X

Voulant devenir quelqu'un d'extraordinaire, Pip demande à Biddy de lui enseigner tout ce qu'elle sait, et rentre à l'école de la grand-tante de M. Wopsle. Un jour en rentrant de l'école, Pip retrouve Joe au Trois Gais Marinier, en compagnie de M. Wopsle et d'un inconnu. Pip reconnaît dans les mains de l'inconnu la fameuse lime qu'il avait dérobée à Joe, et comprend à cet instant que l'homme connaît son forçat. L'inconnu remet un shilling à l'enfant, enveloppé dans deux billets d'une livre.

Chapitre XI

Comme convenu, Pip retourne chez Mlle Havisham. Il pénètre dans une nouvelle pièce où se trouvent les restes d'un gâteau de noce et doit promener la dame autour de la table nuptiale (où elle souhaite être étendue, une fois morte, dans sa robe de mariée). Pip joue ensuite aux cartes avec Estella qui le méprise tout autant que la première fois. Après avoir fixé un jour pour sa prochaine visite, Pip part se promener dans le jardin et croise un « pâle jeune gentleman » qui veut se battre avec lui. Pip gagne le combat. Estella accepte un baiser de sa part.

Chapitre XII

Pip est désormais prié de se rendre tous les deux jours chez Mlle Havisham pour exercer ses fonctions habituelles, consistant à la promener autour de sa chambre ou de la table nuptiale. Une fois l'âge requis pour rentrer en apprentissage chez Joe, les questions sur son avenir deviennent le premier sujet de conversation entre sa sœur et M. Pumblechook. C'est alors que Mlle Havisham souhaite que Joe vienne la voir avec Pip, muni du contrat d'apprentissage. Pip transmet le message.

Chapitre XIII

Pip et Joe se rendent chez Mlle Havisham. Elle remet une prime de vingt-cinq guinées à Joe et prévient qu'il n'est plus nécessaire que l'enfant lui rende visite. Joe et Pip se rendent ensuite à la Magistrature pour rendre le contrat d'apprentissage officiel. Un dîner est organisé au Sanglier Bleu pour l'occasion, mais Pip a le cœur lourd, convaincu qu'il n'aura jamais de goût pour le métier de forgeron.

Chapitre XIV

En moins d'un an, tout a changé : Pip a désormais honte de son foyer, de son existence morne et ordinaire. Il redoute surtout que le regard de la jolie Estella se pose sur lui, au comble de la saleté et de la vulgarité pendant son travail à la forge.

Chapitre XV

Son instruction à l'école de la grand-tante de M. Wopsle prend fin, mais Pip continue de solliciter l'aide de certaines personnes pour poursuivre son éducation et tente d'en faire profiter Joe. À la fin de sa première année d'apprentissage, Pip demande à Joe une demi-journée de congé pour aller rendre visite à Mlle Havisham, sous prétexte de la remercier. Après une violente altercation entre Mme Joe et l'ouvrier Dodge Orlick, Pip se rend chez Mlle Havisham, où il apprend qu'Estella se trouve à l'étranger pour y recevoir une éducation de grande dame. Havisham lui propose de venir chaque année le jour de son anniversaire. Au retour, Pip croise M. Wopsle, puis Orlick, et tous trois, une fois au village, découvre Mme Joe inanimée après avoir reçu un coup sur la nuque.

Chapitre XVI

Les indices laissent supposer que Mme Joe s'est fait agresser par un forçat, mais personne n'est capturé. Elle est désormais alitée dans un état alarmant et Biddy est engagée pour s'occuper d'elle.

Chapitre XVII

Pip s'enfonce dans la monotonie de sa vie de forgeron. Il déteste son métier, a honte de son foyer, mais il trouve en Biddy une confidente agréable. Au cours d'une promenade, il lui confie son dégoût pour la vie qu'il mène et indique vouloir devenir un gentleman à cause de la belle Estella qu'il admire profondément.

Chapitre XVIII

Au cours de la quatrième année de son apprentissage chez Joe, un homme de loi du nom de Jaggers demande à s'entretenir avec lui : Pip apprend qu'il est l'héritier d'une grande fortune. Il doit s'installer à Londres pour y recevoir l'éducation d'un gentleman, avec pour précepteur Matthew Pocket (un parent de Mlle Havisham). Le possesseur de cette fortune désire rester anonyme jusqu'au jour où il décidera de se révéler à lui. Pip songe immédiatement que son bienfaiteur secret est Mlle Havisham.

Chapitre XIX

Malgré la bonne nouvelle, Pip se sent triste et seul. Il se rend en ville pour préparer son départ et tout le monde le traite différemment, notamment Pumblechook qui évoque leur pseudo lien d'amitié. Il fait ses adieux à Mlle Havisham, à Joe et à Biddy.

Chapitre XX

Pip arrive à Londres et se rend au bureau de son tuteur M. Jaggers.

Chapitre XXI

Wemmick, le clerc de M. Jaggers, accompagne Pip chez le fils de Matthew Pocket, Herbert, qui se trouve être le « pâle jeune gentleman » avec qui il s'était battu chez Mlle Havisham.

Chapitre XXII

Pip et Herbert s'entendent à merveille. Herbert lui raconte l'histoire de Mlle Havisham : il y a vingt-cinq ans, un homme qu'elle a aimé passionnément a abusé de son affection et lui a extorqué de grosses sommes d'argent. Le jour du mariage, à neuf heures moins vingt, elle a reçu une lettre de rupture. Depuis, elle n'a pas revu une seule fois la lumière du soleil. Elle a élevé Estella en vue d'exercer sa vengeance sur les hommes.

Chapitre XXIII

Pip fait la connaissance de la famille Pocket. Le père lui montre sa chambre.

Chapitre XXIV

Des relations de confiance s'installent entre Pip et son précepteur Matthew Pocket. Pip souhaite plus d'indépendance et décide, avec l'accord de son tuteur, d'acheter les meubles que loue Herbert à Barnard's Inn.

Chapitre XXV

Pip fait le portrait de deux autres élèves de Pocket : celui, peu flatteur, de Drummle, et celui, plus sympathique, de Startop. Herbert devient son ami le plus intime. Pip apprend à connaître Wemmick et s'aperçoit qu'il a une double personnalité : celle de la vie professionnelle à l'étude et celle de la vie privé au château.

Chapitre XXVI

Pip, Herbert, Drummle et Startop sont invités à diner chez Jaggers. Celui-ci s'intéresse principalement à Drummle, surnommé « l'Araignée », qui devient dédaigneux et insultant. Un mois plus tard, les études de Drummle sont terminées ; il quitte la maison des Pocket au grand soulagement de tout le monde.

Chapitre XXVII

Pip reçoit une lettre de Biddy lui indiquant l'arrivée prochaine de Joe à Londres. Pip ne se réjouit pas de la nouvelle, inquiet que Joe puisse lui faire honte devant certaines personnes. Joe l'irrite par son manque de naturel avec lui, l'appelant désormais « Monsieur », sauf quand il s'abandonne à un mouvement d'affection. Joe lui apprend le retour d'Estella et son souhait de le revoir. Il part et prévient qu'il ne reviendra pas.

Chapitre XXVIII

Le lendemain, Pip retourne dans sa ville natale et fait le voyage en diligence, en même temps que deux forçats. L'un deux est l'inconnu des Trois Gais Mariniers, qui avait pour mission, raconte-t-il, de remettre deux billets d'une livre à l'enfant qui a nourrit et conservé le secret du fameux forçat des marais. L'homme ne reconnaît pas le dénommé Pip.

Chapitre XXIX

En se dirigeant vers la demeure de Mlle Havisham, Pip réalise la force de son amour pour Estella. À la vue de la jeune femme, plus belle encore, il se sent à nouveau dans la peau d'un gamin grossier et ordinaire. Estella le prévient qu'elle n'a pas de cœur et de sentiments, mais Pip est convaincu que Mlle Havisham les destine l'un à l'autre. Dans la maison, Pip rencontre M. Jaggers qui lui apprend qu'Estella a été adoptée par Mlle Havisham.

Chapitre XXX

Pip retourne à Barnard's Inn où il confie à Herbert son amour pour Estella. Herbert le met en garde : aucune mention dans le contrat ne stipule qu'Estella lui est promise ; son protecteur, quel qu'il soit, n'a jamais fait part de ses intentions concernant un éventuel mariage. On apprend aussi qu'Herbert est fiancé à une certaine Clara.

Chapitre XXXI

Pip et Herbert se rendent à la représentation théâtrale – et grotesque – dans laquelle joue M. Wopsle. Par pitié, ils l'invitent à dîner.

Chapitre XXXII

Pip reçoit une lettre d'Estella par laquelle il apprend sa venue à Londres le surlendemain. Le jour convenu, Pip, nerveux, arrive au bureau des diligences avec cinq heures d'avance. Il croise Wemmick qui se rend à Newgate, la prison, pour affaire. Pip l'accompagne et s'aperçoit de la popularité de Wemmick et de la haute importance de Jaggers. Il retourne ensuite faire le guet dans la rue du bureau des diligences.

Chapitre XXXIII

Pip doit conduire Estella à Richmond où elle va séjourner. Estella emploie un ton voulant indiquer que leurs rapports leur sont imposés. Elle énonce toutes les instructions données par Mlle Havisham, ne laissant aucune place à l'impulsion personnelle.

Chapitre XXXIV

Pip n'assume pas son ingratitude envers Joe et Biddy, et se dit qu'il aurait été plus heureux s'il n'avait jamais rencontré M^(lle) Havisham et qu'il était devenu forgeron. Il commence à contracter un grand nombre de dettes. Un jour, on lui annonce la mort de sa sœur.

Chapitre XXXV

Pip assiste à l'enterrement où il retrouve entre autres Joe et Biddy. Le soir, ils dînent ensemble. Biddy essaye d'obtenir le poste d'institutrice dans la nouvelle école du village.

Chapitre XXXVI

Pip et Herbert contractent de plus en plus de dettes alors que Pip atteint son vingt-et-unième anniversaire. Pip avait espérer, en vain, que son bienfaiteur se révèlerait à sa majorité. Ce jour là, le jeune homme se rend au bureau de son tuteur : Jaggers lui remet un billet de cinq cents livres pour l'occasion, de la part de son bienfaiteur. Désormais, Pip doit gérer lui-même ses affaires financières et Wemmick lui versera cent cinq livres par trimestre. Pip émet alors le souhait d'aider un ami dans le besoin. Il demande conseille à Wemmick, qui l'invite dans son château à Walworth pour en parler à titre privé.

Chapitre XXXVII

Pip se rend à Walworth et indique à Wemmick sa volonté de verser une partie de sa fortune à son ami Herbert. Avec l'aide de Wemmick, Pip trouve un négociant et s'engage, de façon anonyme, à verser régulièrement de l'argent à Herbert, ainsi que la moitié de ses cinq cents livres.

Chapitre XXXVIII

Pip rend régulièrement visite à Estella, même si elle le rend chaque fois malheureux. La jeune fille l'avertit encore sur son incapacité à aimer, mais Pip ne semble pas vouloir l'entendre. Tous deux se rendent chez Mlle Havisham, à la demande de celle-ci. Là-bas, Pip réalise qu'Estella est chargée d'assouvir la vengeance d'Havisham contre les hommes. Il pense qu'après cela, elle lui sera enfin donnée. S'ensuit une dispute entre Estella et sa mère adoptive – celle-ci lui reprochant sa froideur à son égard, alors même qu'elle a été élevée de la sorte. Plus tard, Pip apprend qu'Estella et le détesté Bentley Drummle se fréquentent, à son grand désarroi.

Chapitre XXXIX

Pip a vingt-trois ans. Il habite désormais au Temple avec Herbert. Un soir où il est seul et où la tempête fait rage, il entend des pas dans l'escalier et reconnait le forçat de son enfance. L'homme raconte comment il a fait fortune et révèle avoir voulu faire de Pip un gentleman, en remerciement de son dévouement passé. Pip n'avait jamais pensé à lui comme étant son bienfaiteur caché. Il éprouve du dégoût pour cet homme dénommé Magwitch et est anéanti par la nouvelle. Magwitch a été déporté à vie et encourt la peine de mort en revenant à Londres.

Chapitre XL

Pip prend les précautions nécessaires pour cacher Magwitch et éviter qu'il soit reconnu, mais son aversion pour lui ne cesse de s'accroître. Seuls Jaggers, Wemmick et Herbert sont au courant de sa véritable identité.

Chapitre XLI

Pip installe Magwitch dans un logement discret à Essex Street. Il échafaude le projet de quitter l'Angleterre avec lui le plus vite possible et prend la décision de ne plus accepter le moindre bienfait de sa part.

Chapitre XLII

Magwitch raconte son passé à Pip et à Herbert. Il y a environ vingt ans, il fait la rencontre d'un dénommé Compeyson. Celui-ci trempe dans des affaires d'escroquerie et engage Magwitch comme associé. Lors de leur arrestation pour fraude, le riche Compeyson abandonne son associé et réclame une défense séparée : il écope de sept ans de prison contre quatorze pour Magwitch. Magwitch jure de lui casser la figure. Il parvient à s'échapper et se cache dans les marais, où il rencontre le petit Pip pour la première fois. Il apprend par l'enfant que le traître s'est également enfui dans les marais et le pourchasse. Les soldats les découvrent en train de se battre. Magwitch repasse en jugement et est déporté à vie. On apprend à la fin du chapitre que Compeyson était le fiancé de Mlle Havisham.

Chapitre XLIII

Avant de s'enfuir à l'étranger avec Magwitch, Pip rend visite à Estella et Havisham à la maison Satis. Sur la route, il croise Bentley Drummle, qui le nargue en lui disant qu'il dîne le soir même avec la belle.

Chapitre XLIV

Pip dit à Havisham que son bienfaiteur s'est révélé à lui. Il accuse la dame de l'avoir si longtemps laissé dans l'erreur, en le laissant volontairement espérer qu'elle le destinait à Estella. Il lui demande de faire preuve de générosité en faisant la fortune de son ami Herbert, que lui-même ne sera plus en mesure d'assurer. Pip déclare ensuite son amour à Estella, mais elle va épouser Drummle. Il quitte Havisham pétrie de remords et rentre à Londres à pied. En arrivant devant chez lui, le veilleur lui remet une lettre de la part de Wemmick, l'avertissant de ne pas rentrer dans son appartement.

Chapitre XLV

Pip passe la nuit dans une auberge et rejoint Wemmick à Walworth. Des rumeurs indiquent qu'il serait l'objet d'une surveillance dans son appartement du Temple. Pendant son absence, Herbert et Wemmick se sont donc arrangés pour mettre Magwitch à l'abri, chez le père de Clara.

Chapitre XLVI

Pip rend visite à Magwitch et lui fait part de son projet concernant leur départ à l'étranger. Il se procure une barque pour mener l'expédition à bien et se met à ramer régulièrement pour ne pas éveiller les soupçons le jour de leur départ.

Chapitre XLVII

Pip va au théâtre voir une pièce de Wopsle. À la fin de la pièce, Wopsle dit avoir reconnu l'un des forçats du marais dans la salle : Compeyson. À son retour, Pip s'entretient ave Herbert, mais il n'y a rien à faire à part rester prudent.

Chapitre XLVIII

Un dîner chez Jaggers déroute le jeune homme : il est persuadé que la servante Molly est la vraie mère d'Estella. Elle a ses mains et ses yeux. Sur le chemin du retour, Wemmick lui raconte l'histoire de Molly soupçonnée de meurtre il y a une vingtaine d'année et sauvée par Jaggers à son procès.

Chapitre XLIX

Pip retourne à la maison Satis, à la demande de Mlle Havisham. Elle accepte la requête de Pip et propose de verser neuf cents livres à Herbert. Elle est prise de remords et demande à être pardonnée. En partant, Pip a un pressentiment. Il retourne voir Havisham et la sauve d'un incendie.

Chapitre L

En rassemblant les morceaux du puzzle, Herbert découvre que l'intendante de Jaggers est bien la mère d'Estella et que Magwitch est son père.

Chapitre LI

Pip révèle à Jaggers ses récentes découvertes.

Chapitre LII

Pip organise le départ de Magwitch. Il reçoit une lettre dans laquelle on le somme de se rendre aux marais, s'il désire obtenir des renseignements sur « son oncle Provis », tel que se fait appeler Magwitch. Intrigué, Pip se résout à y aller. Il s'arrête dans une auberge où il pense à l'ingratitude de Pumblechook, ce qui lui fait réaliser plus que jamais sa propre ingratitude envers Joe et Biddy.

Chapitre LIII

Pip se rend au lieu de rendez-vous et se retrouve pris au piège par Orlick, qui déteste le jeune homme depuis toujours. Il avoue être l'agresseur de sa sœur et, complice de Compeyson, il est au courant de toute l'histoire concernant l'ancien forçat. Pip est sauvé in extremis par Herbert, Sartop et le petit commis de Trabb, qui le retrouvent grâce à la lettre que Pip a laissé tomber.

Chapitre LIV

L'heure du départ a sonné. Pip, Magwitch, Herbert et Sartop montent dans la barque et rament jusqu'au coucher du soleil. Ils s'arrêtent dans une auberge où ils apprennent qu'une yole à quatre rameurs rôde dans les parages. Le lendemain, ils embarquent à nouveau et se font attaquer par la yole, dans laquelle se trouve Compeyson. Le canot chavire, Compeyson se noie et Magwitch est grièvement blessé.

Chapitre LV

Après cette désastreuse tentative de fuite, Magwitch est traduit devant le Tribunal de Police et ses biens sont confisqués. Pip perd donc son héritage, mais il prend soin de ne rien dire à Magwitch. Herbert annonce qu'il va partir pour le Caire et propose à Pip de le rejoindre pour devenir son employé. Pip lui demande de patienter quelques mois. Wemmick se marie avec Mlle Skiffins.

Chapitre LVI

Pip rend quotidiennement visite à Magwitch en prison, où il reste alité à cause de sa blessure. Son état s'aggrave de jour en jour. Avant sa mort, Pip lui révèle que sa fille est vivante et qu'il est amoureux d'elle.

Chapitre LVII

Pip est endetté et malade. Joe s'occupe de lui. Havisham est morte et a légué la plus grande partie de sa fortune à Estella, ainsi que quatre mille livres à Matthew Pocket (le père d'Herbert). Orlick est en prison pour être entré par effraction dans la maison de Pumblechook. Pip recouvre la santé, en même temps que Joe perd de son aisance avec lui. Le jeune homme se résout à parler à Joe, à s'excuser, mais celui-ci a disparu avec sa malle.

Chapitre LVIII

Pip part à la recherche de Joe et de Biddy pour s'excuser de son ingratitude, mais l'école de Biddy et la forge de Joe sont fermées. Pip les retrouve tous les deux bras dessus bras dessous : ils viennent de se marier. Pip les félicite et les prie de le pardonner. Moins d'un mois plus tard, Pip vend tous ses biens et part au Caire où il devient employé chez Clarriker et Cie. Pendant des années, il vit heureux avec Herbert et Clara.

Chapitre LIX

Onze ans plus tard, Pip rend visite à Joe et Biddy et fait la connaissance de leur fils dénommé Pip. La conversation tourne autour d'Estella. On sait qu'elle a mené une vie malheureuse et qu'elle s'est séparée de son cruel mari, aujourd'hui mort. Pip se rend à la vielle maison d'Havisham et rencontre Estella, venue prendre congé des lieux avant leur transformation. Transparait alors une relation naissante entre Pip et Estella…

LES RAISONS
DU SUCCÈS

Sous l'ère victorienne (1837-1901), la littérature évolue en même temps que les mœurs et les relations sociales. Peu d'écrivains anglais, comme Balzac et Stendhal en France, opèrent la transition entre le romantisme et le roman victorien. Citons néanmoins l'influence des sœurs Brontë qui dominent la première moitié du siècle et ouvrent la voie aux romans victoriens : tout en renouant avec le romantisme et le roman gothique, elles abordent dans leurs œuvres des thèmes modernes et annoncent un réalisme critique. Le romantisme cède progressivement la place au réalisme et des œuvres de grande qualité affleurent en nombre. L'ère victorienne est considérée à bien des égards comme la grande époque du roman anglais, et voit le triomphe du roman feuilleton et du roman populaire.

Les romans de Dickens contribuent largement à cette évolution littéraire. Son rôle au sein de l'Angleterre victorienne est immense : non seulement il propose une représentation des plus réalistes et des plus poignantes de l'Angleterre au XIXe siècle, en pleine révolution industrielle, mais il crée des personnages remarquables. Dans *Les Grandes Espérances*, les personnages sont moins nombreux que dans ses autres récits, mais leur développement psychologique n'en est que plus approfondi. Avec Pip, l'enfant naïf sous la coupe d'un mystérieux bienfaiteur, Dickens nous propose peut-être l'un de ses personnages les plus complexes et les plus approfondis de tous ceux qu'il a dépeints. De même, le gentil forgeron malmené par sa femme fait partie des personnages les plus mémorables de l'auteur.

Dans ce roman, le style de Dickens varie légèrement. L'auteur use toujours de l'humour et du pathos (l'humour atteint des sommets avec la représentation de Hamlet dans laquelle M. Wopsle tient le rôle principal), mais il fait cette fois attention à ne pas dévier d'une certaine exigence de sobriété (le personnage de Mlle Havisham est certes excentrique, mais ce recourt à l'excentricité joue un vrai rôle dans la trame du récit). Tout le livre est agencé de façon remarquable et le mystère de l'identité du bienfaiteur de Pip, qui tient le lecteur en haleine, n'est même pas l'essentiel de cette œuvre à la beauté exceptionnelle. La maîtrise des dialogues et des descriptions ; la sobriété, la fraîcheur, la spontanéité du style contribuent à faire des *Grandes Espérances* une œuvre accomplie. Et malgré le caractère du héros principal, peu attachant et peu apprécié par nombre de lecteurs, l'œuvre reçoit un accueil excellent, tant de la part du public que de la critique.

De ce roman d'apprentissage, l'un des plus connus et des plus lus en langue anglaise, émerge un réalisme qui exercera une influence considérable sur l'œuvre d'écrivains de renom comme Anne Rice, Dostoïevski, Thomas Hardy, et bien d'autres encore.

LES THÈMES PRINCIPAUX

Le thème de l'éducation est au premier plan des préoccupations dans le roman de Dickens. On assiste au cheminement du héros vers l'âge adulte, à l'évolution de Pirrip Philip à partir de son enfance.

Au début du roman, Pip est âgé de sept ou huit ans et vit chez sa sœur dans un petit village du Kent. Il n'a jamais connu ses parents, et les personnages qui l'entourent – sots ou cruels – sont loin de favoriser l'image qu'il se fait de lui et de son milieu. « On agissait toujours envers moi comme si j'avais tenu à naître au mépris de toutes les règles de la raison, de la religion et de la morale, et malgré tous les arguments employés par mes meilleurs amis pour m'en dissuader », se souvient-il. Pip doit subir les mauvais traitements de Mme Joe (« elle portait la main (une main dure et lourde) aussi bien sur la personne de son mari que sur la mienne »), ainsi que les réflexions désobligeantes de l'oncle Pumblechook ; et son gentil beau-frère, s'il est un compagnon agréable pour l'enfant, manque cruellement d'intelligence.

Ce foyer en manque d'amour et d'instruction fait naître chez l'enfant un complexe d'infériorité, qui se manifeste dès sa première rencontre avec Estella et Mlle Havisham : tout au long de la journée, le malheureux enfant doit subir le mépris et la cruauté de sa jolie camarade de jeu. Celle-ci le traite de « petit ouvrier ordinaire », et lui fait ouvertement remarquer son apparence grossière, ses « grosses mains » et ses « bottines épaisses ». Dénigré, rabaissé, l'enfant rentre chez lui convaincu de son ignorance et de sa médiocrité. « [Le] mépris [d'Estella] pour moi était si puissant qu'il en devenait contagieux, et je fus contaminé », dit le narrateur. Dès lors, le développement psychologique de l'enfant se base sur une forte dévalorisation de soi : il a honte de son foyer, rejette son milieu, déteste le métier de forgeron. De plus en plus, il nourrit un dégoût absolu pour son existence grossière et ordinaire. Pip veut devenir quelqu'un d'extraordinaire. Il confie même à Biddy vouloir devenir un gentleman à cause de la belle Estella, qu'il admire profondément.

Dès lors, Pip veut s'instruire à tout prix. Il apprend les chiffres et l'alphabet, rentre à l'école de la grand-tante de M. Wopsle, et demande à Biddy de lui enseigner tout ce qu'elle sait. Le jour où Jaggers l'annonce comme l'héritier d'une grande fortune, Pip est prêt à faire l'expérience des grandes espérances. Oubliant les recommandations de Joe – ne pas vouloir à tout prix devenir extraordinaire si c'est pour dévier du droit chemin –, Pip part à Londres pour suivre une éducation de gentleman et cède à de multiples tentations qui vont faire, au final, obstacle à sa maturation. Argent, snobisme, ingratitude, etc. : si le vol du pâté en croute de son enfance n'est évidemment pas condamnable, la responsabilité de Pip devient réelle et son comportement nettement blâmable à mesure qu'il vieillit et que grandissent ses espérances.

Là où le roman de Dickens se distingue des romans de formation en général, c'est par la mise en avant d'une forme d'« éducation négative », dans le sens où les expériences vécues, au lieu d'être formatrices, comprommettent gravement la maturation du héros. Les rencontres qu'il fait ne lui permettent pas de s'élever, ni de guérir de ses complexes. Au contraire, elles sont la cause de sa stagnation psychologique. En devenant le « protégé » de Mlle Havisham et de Magwitch, Pip est contraint, malgré lui, à reproduire leurs propres histoires. Pour Mlle Havisham, le temps s'est arrêté, à neuf heure moins vint précisément, depuis que son fiancé Compeyson l'a trahie et quittée le jour du mariage. Désirant exercer sa vengeance sur les hommes, la sinistre dame adopte la jolie Estella et amène Pip à rejouer le rôle du fiancé au cœur brisé. Même schéma pour Magwitch : autrefois possédé par le gentleman Compeyson, le forçat adopte à son tour un enfant – Pip – pour prendre en main son éducation et faire de lui l'héritier de sa fortune. Or, un jeune homme ne peut évoluer dans un monde où le temps s'est arrêté, où il doit faire le sacrifice de sa propre identité et rejouer une histoire qui n'aurait pas dû être la sienne. Le processus de maturation est ainsi largement compromis, Pip ne vivant pas sa propre histoire, mais celle de ses « bienfaiteurs » dont l'un est par ailleurs un criminel.

La relation entre le je-narrant et le je-narré révèle l'enlisement du personnage dans sa mésestime de soi, son impossibilité à dépasser la blessure archaïque. Généralement, ce genre de narration à la première personne – opérant une distance entre le temps de la fiction et le temps de la narration – permet au narrateur de montrer qu'il a gagné en sagesse et en maturité face à la personne qu'il a été. Or, dans *Les Grandes Espérances*, le malaise du je-narrant est très perceptible. Certes, le regard du je-narrant évolue à mesure que vieillit le je-narré (protecteur au début du récit lorsque Pip est encore un enfant, le lien se brise progressivement, et particulièrement lors d'une conversation avec Biddy : alors que le je-narré n'accepte pas les remontrances de Biddy qu'il juge envieuse de son enrichissement, le je-narrant manifeste son désaccord avec le jeune garçon qu'il était). Mais si le décalage entre le je-narrant et le je-narré se restreint peu à peu à mesure que le personnage avance vers l'âge adulte, le texte est rempli, jusqu'à la fin, de jugements dépréciatifs (Pip est blâmé à la fois par le je-narrant et le je-narré, comme en témoigne notamment l'épisode du voyage en diligence avec les deux forçats). Le discours des *Grandes Espérances* montre ainsi que la blessure de son enfance n'a pu être dépassée. Au lieu de l'élever et de le guérir de son complexe d'infériorité, l'expérience des grandes espérances l'accable profondément. Tout au long du roman règne une atmosphère de culpabilité. Et la fin, surtout, nous montre un jeune homme honteux de son comportement, et définitivement convaincu de son manque de valeur, de son « incapacité ». Le malheureux Pip regrette d'avoir méprisé et rejeté le milieu d'où il vient. Une fois les grandes espérances évanouies (Estella mariée à son ennemi Bentley Drummle et Magwitch privé de sa fortune), Pip retourne à la forge.

Ainsi, même si les pénibles expériences ont permis à Pip et Estella de tirer de salutaires leçons (l'ingratitude de Pip envers Joe Gargery se transforme in extremis en considération et en respect) et si le récit s'achève sur une note optimiste (Pip et Estella se retrouvent onze ans plus tard, laissant transparaître un espoir de relation), *Les Grandes Espérances* se distinguent du roman d'apprentissage traditionnel.

ÉTUDE DU MOUVEMENT LITTÉRAIRE

Les Grandes Espérances s'inscrivent dans un mouvement littéraire où les œuvres, prenant pour règle une vision objective du monde, prétendent représenter la nature et la vie telles qu'elles sont : il s'agit du réalisme, dont le terme apparaît en 1829 dans *Le Mercure de France* puis en 1834 dans *La Revue des Deux Mondes*. Le réalisme, tel qu'il se définit au sens large, se trouve à toute époque de la vie littéraire : du poème homérique à la comédie de Molière, mais on l'attribue particulièrement à un moment précis de la littérature, entre 1850 et 1890.

Les journées sanglantes de 1848 et le coup d'état de Louis-Napoléon provoquent une réaction dans le domaine de la littérature : l'échec des révolutions marque la fin de beaucoup d'espoirs romantiques. Le public est las des effusions sentimentales, et les grands maîtres du romantisme cessent de produire ou de publier des vers. C'est alors qu'apparaît le réalisme en littérature, comme une réaction aux épanchements lyriques et aux excès d'imagination du mouvement romantique. Mais c'est dans la « représentation » du réel, et non dans sa « reproduction », que le XIXe siècle innove (on trouve déjà une certaine forme de réalisme chez les grands auteurs du XVIIIe siècle, tels Marivaux, Prévost et Restif de la Bretonne). Les auteurs commencent à vouloir représenter la réalité la plus banale, avec une objectivité que n'embellissent ni la poésie ni l'imagination, et deux romanciers deviennent malgré eux les précurseurs du mouvement : Stendhal et Balzac qui, romantiques par certains côtés, sont aussi réalistes par d'autres. *Le Rouge et le Noir* (1830), en se basant sur la vérité d'un fait divers et en faisant varier les points de vue, ouvre la voie aux écrivains dits « réalistes ». Dans *La Comédie humaine* (1830-1856), Balzac peint avec minutie les mœurs de son temps et fait une analyse presque scientifique de l'homme. Néanmoins, c'est avec Flaubert, malgré son refus d'appartenir à une école, que le réalisme atteint son apogée avec les désillusions du héros dans *L'Éducation sentimentale*

(1869), ou la représentation d'une vie insipide et monotone dans *Madame Bovary* (1856).

Cette réaction contre les excès du romantisme n'est pas particulière à la France, même si c'est ici qu'elle s'affirme le plus nettement (notamment grâce à Champfleury qui devient malgré lui le théoricien du réalisme depuis sa Préface de 1847 à un livre intitulé précisément *Le Réalisme*). Les manifestations du réalisme dans les autres pays, dues le plus souvent à l'influence française, font émerger de grands noms de l'histoire littéraire : aux États-Unis, Herman Melville, Harriet Beecher-Stowe, Louisia May Alcott, Jack London et Bret Harte sont les représentants les plus marquants du courant réaliste. En Russie, on peut citer Léon Tolstoï et Fiodor Dostoïevski. En Angleterre, Charles Dickens apparaît comme le grand maître du roman social.

Aux excès lyriques du romantisme s'opposent les analyses scientifiques, l'étude précise des cas, des espèces, des milieux. Dans sa quête d'une vérité scientifique, et pour représenter la réalité la plus objective, sans artifice ni idéalisation, le romancier applique les méthodes des sciences expérimentales et le positivisme philosophique. Il s'affranchit du beau langage et se penche sur la vie des classes moyennes ou populaires, en traitant des sujets comme la misère, les relations conjugales, l'influence du milieu sur les individus, la médiocrité du quotidien, l'ascension sociale, etc.

Le réalisme, réaction d'une sensibilité plus qu'un mouvement, est une phase de transition dans l'histoire littéraire. Champfleury écrivait déjà en 1857 : « Le mot réalisme, un mot de transition qui ne durera guère plus de trente ans... » Vers 1880, le courant évolue vers le naturalisme dont l'esthétique littéraire est définie par Émile Zola. Le naturalisme se charge de mener à bien ce que le réalisme avait entrepris. Il pousse encore plus loin l'exigence de réalité.

DANS LA MÊME COLLECTION
(par ordre alphabétique)

- **Anonyme**, *La Farce de Maître Pathelin*
- **Anouilh**, *Antigone*
- **Aragon**, *Aurélien*
- **Aragon**, *Le Paysan de Paris*
- **Austen**, *Raison et Sentiments*
- **Balzac**, *Illusions perdues*
- **Balzac**, *La Femme de trente ans*
- **Balzac**, *Le Colonel Chabert*
- **Balzac**, *Le Lys dans la vallée*
- **Balzac**, *Le Père Goriot*
- **Barbey d'Aurevilly**, *L'Ensorcelée*
- **Barbey d'Aurevilly**, *Les Diaboliques*
- **Bataille**, *Ma mère*
- **Baudelaire**, *Les Fleurs du Mal*
- **Baudelaire**, *Petits poèmes en prose*
- **Beaumarchais**, *Le Barbier de Séville*
- **Beaumarchais**, *Le Mariage de Figaro*
- **Beauvoir**, *Mémoires d'une jeune fille rangée*
- **Beckett**, *En attendant Godot*
- **Beckett**, *Fin de partie*
- **Brecht**, *La Noce*
- **Brecht**, *La Résistible ascension d'Arturo Ui*
- **Brecht**, *Mère Courage et ses enfants*
- **Breton**, *Nadja*
- **Brontë**, *Jane Eyre*
- **Camus**, *L'Étranger*
- **Carroll**, *Alice au pays des merveilles*
- **Céline**, *Mort à crédit*

- **Céline**, *Voyage au bout de la nuit*
- **Chateaubriand**, *Atala*
- **Chateaubriand**, *René*
- **Chrétien de Troyes**, *Perceval ou le conte du Graal*
- **Chrétien de Troyes**, *Yvain ou le Chevalier au lion*
- **Cocteau**, *La Machine infernale*
- **Cocteau**, *Les Enfants terribles*
- **Colette**, *Le Blé en herbe*
- **Corneille**, *Le Cid*
- **Crébillon fils**, *Les Égarements du cœur et de l'esprit*
- **Defoe**, *Robinson Crusoé*
- **Dickens**, *Oliver Twist*
- **Du Bellay**, *Les Regrets*
- **Dumas**, *Henri III et sa cour*
- **Duras**, *L'Amant*
- **Duras**, *La Pluie d'été*
- **Duras**, *Un barrage contre le Pacifique*
- **Flaubert**, *Bouvard et Pécuchet*
- **Flaubert**, *L'Éducation sentimentale*
- **Flaubert**, *Madame Bovary*
- **Flaubert**, *Salammbô*
- **Gary**, *La Vie devant soi*
- **Giraudoux**, *Électre*
- **Giraudoux**, *La Guerre de Troie n'aura pas lieu*
- **Gogol**, *Le Mariage*
- **Homère**, *L'Odyssée*
- **Hugo**, *Hernani*
- **Hugo**, *Les Misérables*
- **Hugo**, *Notre-Dame de Paris*
- **Jaccottet**, *À la lumière d'hiver*
- **James**, *Une vie à Londres*
- **Jarry**, *Ubu roi*
- **Kafka**, *La Métamorphose*

- **Kerouac**, *Sur la route*
- **Kessel**, *Le Lion*
- **La Fayette**, *La Princesse de Clèves*
- **Le Clézio**, *Mondo et autres histoires*
- **Levi**, *Si c'est un homme*
- **London**, *Croc-Blanc*
- **London**, *L'Appel de la forêt*
- **Maupassant**, *Boule de suif*
- **Maupassant**, *Le Horla*
- **Maupassant**, *Une vie*
- **Molière**, *Amphitryon*
- **Molière**, *Dom Juan*
- **Molière**, *L'Avare*
- **Molière**, *Le Malade imaginaire*
- **Molière**, *Le Tartuffe*
- **Molière**, *Les Fourberies de Scapin*
- **Musset**, *Les Caprices de Marianne*
- **Musset**, *Lorenzaccio*
- **Musset**, *On ne badine pas avec l'amour*
- **Perec**, *La Disparition*
- **Perec**, *Les Choses*
- **Perrault**, *Contes*
- **Prévert**, *Paroles*
- **Prévost**, *Manon Lescaut*
- **Proust**, *À l'ombre des jeunes filles en fleurs*
- **Proust**, *Albertine disparue*
- **Proust**, *Du côté de chez Swann*
- **Proust**, *Le Côté de Guermantes*
- **Proust**, *Le Temps retrouvé*
- **Proust**, *Sodome et Gomorrhe*
- **Queneau**, *Exercices de style*
- **Quignard**, *Tous les matins du monde*
- **Rabelais**, *Gargantua*

- **Rabelais**, *Pantagruel*
- **Racine**, *Andromaque*
- **Racine**, *Bérénice*
- **Racine**, *Britannicus*
- **Racine**, *Phèdre*
- **Renard**, *Poil de carotte*
- **Rimbaud**, *Une saison en enfer*
- **Sagan**, *Bonjour tristesse*
- **Saint-Exupéry**, *Le Petit Prince*
- **Sarraute**, *Enfance*
- **Sarraute**, *Tropismes*
- **Sartre**, *Huis clos*
- **Sartre**, *La Nausée*
- **Senghor**, *La Belle histoire de Leuk-le-lièvre*
- **Shakespeare**, *Roméo et Juliette*
- **Steinbeck**, *Les Raisins de la colère*
- **Stendhal**, *La Chartreuse de Parme*
- **Stendhal**, *Le Rouge et le Noir*
- **Verlaine**, *Romances sans paroles*
- **Verne**, *Une ville flottante*
- **Verne**, *Voyage au centre de la Terre*
- **Vian**, *J'irai cracher sur vos tombes*
- **Vian**, *L'Écume des jours*
- **Voltaire**, *Candide*
- **Voltaire**, *Micromégas*
- **Voltaire**, *Zadig*
- **Zola**, *Au Bonheur des Dames*
- **Zola**, *L'Argent*
- **Zola**, *L'Assommoir*
- **Zola**, *Nana*
- **Zola**, *Pot-Bouille*